SOPA DE LIBROS

© Del texto: Alicia Borrás Sanjurjo, 2010
© De las ilustraciones: Anuska Allepuz, 2010
© De esta edición: Grupo Anaya, S. A., 2010
Juan Ignacio Luca de Tena, 15. 28027 Madrid
www.anayainfantilyjuvenil.com
e-mail: anayainfantilyjuvenil@anaya.es

1.ª edición, abril 2010
8.ª edición, febrero 2015

Diseño: Manuel Estrada

ISBN: 978-84-667-9301-8
Depósito legal: M-48176-2011

Impreso en España - Printed in Spain

Las normas ortográficas seguidas en este libro son las establecidas por la
Real Academia Española en su edición de la *Ortografía* del año 1999.

Borrás Sanjurjo, Alicia
Nata y chocolate / Alicia Borrás Sanjurjo ; ilustraciones de
Anuska Allepuz. — Madrid : Anaya, 2010
112 p. : il. n. ; 20 cm. — (Sopa de Libros ; 141)
ISBN 978-84-667-9301-8
1. Intolerancia. 2. Albinismo. 3. Amistad. I. Allepuz, Anuska,
il.
087.5: 821.134.2-3

Nata y chocolate

SOPA DE LIBROS

Alicia Borrás Sanjurjo

Nata
y chocolate

Ilustraciones
de Anuska Allepuz

ANAYA

A mi familia, a Yago, a Ali y a Maruxiña,
mis niños queridísimos, y también a Mar,
mi mejor lectora de once años.

1

Sonia tiene once años, el pelo fino y blanco como una abuelita dulce, y la cara tan rosa claro como sus ojos. Sonia es albina.

Ser albina no es ser un habitante de un país llamado Albania, ni tampoco ser de una raza nueva o diferente. Ser albina significa que, debido a una enfermedad que no duele, algunas personas, animales y hasta plantas nacen más blancos y descoloridos que si los hubieran sumergido en lejía.

—¿Has visto a Sonia? —dice Ramón al oído de Lola—. Parece un fantasma; si apagamos las luces, brillará en la oscuridad.

Lola suelta una carcajada tan exagerada que toda la clase la corea. Álvaro, el tutor, da dos golpes en la mesa para pedir silencio.

—Lola —dice muy serio—, ¿se puede saber qué es lo que te hace tanta gracia? ¿Quieres contárnoslo?

—Es que... —contesta ella aguantándose la risa— me acordé de la película de *Los cazafantasmas* y...

El timbre del recreo la interrumpe y toda la clase sale corriendo hasta el patio. Todos menos Sonia, que parece arreglar algo en su mochila. Álvaro ni siquiera la mira, está más preocupado en buscar en el bolsillo de su cazadora el paquete de cigarrillos.

Sonia no está contenta en el colegio, ni en este ni en ninguno de los que ha estado antes. A ella le gustaría quedarse en casa y leer un libro, ver la tele o mirar cómo calceta la abuela, pero, según dice su padre, ningún niño puede estar sin hacer nada.

—Tu trabajo es estudiar, lo mismo que el mío es conducir un autobús, y te guste más o menos tienes que hacerlo.

Ni la abuela ni él entenderán nunca lo del murciélago que muerde su barriga cuando los demás niños la llaman Nata o *fantasmica;* ni lo difícil que le resulta hacer los problemas de Matemáticas, o lo que sufre en clase de Gimnasia cuando tiene que saltar el potro o hacer el pino.

—La pobre Nata es más torpe que un elefante con tacones —dice Lola, que es buenísima en Educación Física.

Y todos se ríen. Y ninguno se ríe con Sonia.

A veces, ella piensa que si su madre viviera, todo sería diferente, pero como dice la abuela Carmen: «No hay que pensar en lo que no tiene solución».

Todas las mañanas camina despacio hasta el colegio deseando ser invisible; le pesa tanto la mochila que se imagina que es un carbonero que arrastra un enorme saco de carbón para llenar la caldera de

un barco tan grande como el *Titanic*. Allí, con tanto calor y tan poca luz, nadie se fijaría en el color de su piel, ni se reiría de su pelo blanco, porque lo tendría lleno de hollín. Piensa en lo a gusto que se sentiría tan cerca del fuego, porque Sonia siempre tiene frío, en invierno y en verano.

Lola, sin embargo, siempre tiene calor. Su piel morena y brillante suele estar encendida, y casi nunca lleva puesta su cazadora de colorines. Lola no es transparente ni descolorida, sino fuerte y divertida, y en el fondo a Sonia le gustaría ser como ella.

—¡Eh, Nata! ¿Trajiste la redacción de Lengua?

No mira a Lola cuando rebusca en su mochila para dejarle copiar una redacción que ha hecho para ella. Sonia es muy buena redactando y no suele hacer faltas porque lee mucho, en cambio Lola hace cientos de ellas, bueno, hacía, porque ahora todos sus trabajos de redacción le corresponden a Sonia.

—Mi padre dice que algunos escritores tienen un negro que escribe para ellos; yo, sin embargo, tengo una blanca. ¿Verdad, Natita? Muchas gracias. Seguro que Lidia me pondrá un sobresaliente otra vez.

Lola tiene cientos, miles de amigas y amigos, por eso nadie se atreve a decir en voz alta lo que piensa, solo algunas veces Ramón se le encara, pero es que él también es fuerte y grande.

—¡Vaya morro que tienes! Cualquier día tu *fantasmica* se chiva a Lidia y te la juegas.

Lola se ríe, su carcajada vuela por encima de las mesas y revuelve el pelo blanco de Sonia, que espera la llegada de la profesora. Podría decirse que la clase de Lengua es la única que le interesa, y eso que, a pesar de sacar sobresalientes, Lidia no la mira casi nunca.

2

La puerta se abre y una profesora nueva entra en el aula. Un silencio sepulcral le da la bienvenida, pero ella avanza con naturalidad y con una sonrisa deja su carpeta en la mesa.

—Buenos días a todos; me llamo Inés y vengo a sustituir a Lidia. Álvaro, vuestro tutor, pensaba avisaros, pero no le ha dado tiempo, así que aquí estoy yo.

Lola se levanta de un salto y Sonia querría ser más invisible que nunca.

—Yo me llamo Lola, Inés, y suelo sacar sobresaliente en esta asignatura.

Inés la mira de frente.

—Estupendo, Lola, seguro que nos llevaremos bien, y ahora, por favor, id diciéndome todos los demás vuestro nombre para empezar a conoceros.

Cuando le llega el turno a Sonia, es incapaz de hablar. Solo levanta un poco la cabeza.

—¿Cómo te llamas? —pregunta Inés con una voz de sonrisa.

—Es Nata, profe —interrumpe Lola con la risa bailándole en los ojos—. Es tímida la pobrecita.

—No es tu turno, Lola —dice muy seria Inés—. ¿Nata?, ¿te llamas Nata?

Una carcajada múltiple estalla en la clase. El murciélago empieza a hacerle mucho daño a Sonia en la barriga.

Inés no levanta la voz, pero sus ojos hacen callar a todos.

—¿Podrías decirme tu nombre, por favor?

Sonia la mira.

—Me llamo Sonia.

Una sonrisa aparece en la cara de la profesora.

—Un bonito nombre, Sonia, ¡y además eres albina!

—¡Como Copito de Nieve! —dice Ramón provocando la risa en todos los demás—. Y seguramente como Casper...

Inés hace como si no le hubiera oído, exactamente igual que Álvaro hace con Nata.

—No sabes la alegría que siento al conocerte —sigue la profesora dirigiéndose únicamente a ella—. Mi abuela, una mujer inteligente, casi tan guapa como tú y encantadora, era albina. Yo siempre creí que era un hada, hasta que mi madre me lo explicó. Sois tan pocas las que tenéis este don de la transparencia que realmente es para mí un orgullo que estés en mi clase. ¿Qué tal se te da mi asignatura?

Pedro contesta con rapidez.

—Siempre saca sobresaliente.

—Lo dicho —sigue sonriendo Inés—, estaba claro que eres inteligente. Y por favor, dejadla hablar a ella, la timidez es un signo de inteligencia también, aunque no suele tener muchos seguidores, al contrario de los que hablan disparando.

—Me gusta la Lengua —contesta Sonia sintiendo que el corazón galopa en su pecho.

—Pues quién lo diría, porque la usas poquísimo —se ríen Lola y los demás.

—Pues mira —sigue la profesora, ignorándolos—, ya tenemos algo en común, incluso presiento que mucho. ¿Y eres lectora?

Sonia la mira solo a ella.

—Sí, también me gusta muchísimo leer.

—Pues es un placer conocerte, ya lo creo; solo por gente como tú, merece la pena enseñar esta asignatura. Vamos a hacer un dictado, coged la libreta, por favor...

Sonia casi no puede escribir, la emoción que siente la hace temblar y no puede creerse lo que ha oído. Además, Inés es tan guapa y su sonrisa es tan luminosa... Su pelo revolotea por su espalda en unas ondas castañas muy divertidas, y sus ojos se ríen con su voz... Respira hondo y se concentra en el dictado, no quiere tener ninguna falta.

—Ahora, por favor —dice al terminar—, pasadme las hojas. Empieza tú, Lola, recoge las de tu fila.

Lola, a pesar de su seguridad, está algo inquieta, normalmente en los dictados se apoya en Nata, que le sopla las consonantes más retorcidas, pero hoy está tan concentrada que casi ni la mira.

«"El don de la transparencia", ¡qué chorrada! Esta profe, a pesar de que es bastante guapa y con estilo, es una cursi», piensa Lola.

—Bueno, Lola —la voz de Inés la devuelve a la realidad—, realmente no me explico lo de tu sobresaliente en mi asignatura, por lo menos una tercera parte de las palabras del dictado están mal escritas, algunas incluso duele mirarlas. Esto se debe a que, imagino, no te gusta leer, ¿verdad?

Lola da dos vueltas a la goma de su coleta y mira a la clase.

—Desde pequeñita le tengo alergia a las letras, como mi padre, es una cuestión genética.

Curiosamente, la expresión de Inés evita las carcajadas.

—Pues realmente es una lástima; la gente lectora es mucho más rica por dentro, te lo aseguro —su sonrisa brilla—. Espero que llegues a descubrir el placer de leer.

—No, gracias, profe —dice mirándola a los ojos—. La verdad es que no tengo tiempo, ni demasiado interés. Prefiero ver la tele o chatear.

Inés no dice nada, pero nadie se ríe. Cuando llega el turno de Sonia, su corazón vuelve a galopar.

—Enhorabuena, Sonia, no has tenido ni una falta, y eso para un alumno de sexto de Primaria es todo un récord. Creo que, además de lectora e inteligente, eres también muy observadora.

La puerta se abre y Álvaro avanza hacia Inés con desenvoltura.

—Veo que ya conoces a esta jauría y empiezas a darte cuenta de cómo respiran. Espero que no te causen demasiados problemas, si no me los mandas a que te los ponga derechos.

Inés lo mira con simpatía.

—Lo tendré en cuenta, pero la verdad no creo que haga falta, de momento creo que podré manejarlos. Ya estamos empezando a conocernos.

Álvaro pone cara de controlar todo y señala a Lola obligándola a levantarse.

—Aquí hay una persona que seguro que se habrá hecho notar. Tendrás que disculparla, como delegada de clase en tres cursos sucesivos piensa que tiene algunos derechos adquiridos. Digamos —sonríe— que su inteligencia y su rapidez mental la disculpan. El resto son un montón de alumnos a los que también tendrás que domesticar con una enorme dosis de paciencia. Y ahora te dejo que aproveches los minutos que te quedan para seguir enseñándoles.

Inés le retiene con delicadeza.

—Sí, ya he tenido el placer de conocer a Lola, pero ella tendrá que usar su inteligencia y su rapidez mental muy a fondo en mi asignatura si quiere aprobarla... —unas risas se escuchan de fondo—. Puedes sentarte, Lola. Sin embargo, me ha sorprendido muy gratamente el dictado de Sonia, es con mucho el mejor que me he encontrado desde hace tiempo —Sonia nota que le arde la cara—. Tiene una ortografía tan correcta como la de un buen alumno de segundo de la ESO.

Álvaro carraspea con una sonrisa forzada.

—Sí, creo entender que es buena en Lengua, sin embargo, no podría decirse lo mismo de las Matemáticas, en mi asignatura resbala casi tanto como en Educación Física.

Una carcajada general apaga la voz del tutor.

—¿No es cierto, Na..., digo Sonia? Y levántate, por favor; es tan tímida que habría que ponerle un altavoz.

Sonia no puede contestar y asiente con la cabeza mientras el murciélago se instala en su barriga.

—Muchos grandes genios han sido tímidos, por mí puede sentarse de nuevo. Y ahora, si me lo permites, Álvaro, querría continuar con mi clase. Para mañana —levanta la voz mientras el tutor cierra la puerta con cuidado— me gustaría que trajerais una redacción sobre algo que hayáis leído o visto y que os haya gustado. Y tú no te preocupes, Lola, a pesar de tu alergia a las letras encontrarás algo, porque me vale todo, todo: una noticia de periódico, un tebeo, una valla publicitaria, un anuncio de la tele, lo que sea, no más de un folio por una cara, por favor. Y ahora podéis ir recogiendo las hojas, porque quedan exactamente tres minutos para el timbre e imagino que estaréis deseando ir al recreo. Hasta mañana.

3

En el recreo todos hablan de lo mismo y por primera vez nadie parece darse cuenta de que Sonia está en
el grupo. Hay opiniones para todos los gustos, pero
en general parece que Inés ha gustado a la mayoría.

—Es muy guapa y viste fenomenal —dice Olga,
que siempre está hablando de ropa.

—Tampoco es para tanto —contesta Lola—. Está
bien, pero es una cursi: «el don de la transparencia». Yo prefiero a Lidia, que cuando quiere decir
Nata dice Nata, aunque mida metro y medio, esté
gorda y le huela la ropa a empanadilla.

Todos se ríen, pero Ramón la mira burlón.

—Tú qué vas a decir si haces más faltas por minuto que nadie. Esta tía es muy lista y me da que no
vas a poder seguir utilizando a tu «blanca» para
hacer redacciones, se dará cuenta y te quedarás sin
«el don de la transparencia» a tu servicio.

—Eso no pasará —sonríe Lola—. ¿Verdad, Natita? Un genio como tú se las arreglará para que eso
no pase. ¿Sobre qué vamos a escribir mañana?

Sonia traga saliva.

—Todavía no lo sé... —dice con un hilo de voz.

Pero sí que lo sabe, hace días se fijó en un anuncio de la televisión que hablaba de las discapacidades y de lo difícil que es vivir con ellas, y pensó que era posible que muchas veces esas personas sintieran un murciélago revoloteando en su barriga. Escribiría sobre eso. Y que Lola escribiera lo suyo, se lo diría ahora mismo...

—No creo que pueda escribir lo tuyo, tengo que ayudar a mi abuela...

—¿Cómo dices, Natita? Habla más alto, no te entiendo.

Todos la miran con la risa asomándoles a los ojos.

—Es que no creo que pueda hacer tu redacción, tengo que ayudar a mi abuela.

Lola la mira desde tan arriba...

—Pues ayudas a tu abuela cuando acabes mi redacción; Natita, hay que organizar el tiempo.

Sonia querría decirle que es ella la que tiene que hacer su trabajo, pero no puede, las risas de todos despiertan al murciélago de su barriga, así que solo puede oír carcajadas y algunos «vaya morro», también entre risas. Luego se queda sola.

El resto de la mañana pasa muy despacio. Le gusta mucho la profe nueva, aunque le preocupa defraudarla con la redacción, y hacer la de Lola y la suya es demasiado trabajo... Le duele tanto la barriga que ni siquiera escucha a Álvaro cuando por tercera vez repite su nombre.

—Sonia, por favor, te estoy hablando, si es posible simplemente mírame, y aterriza, ¿vale?

La voz de Lola es como un altavoz.

—No puede, Álvaro, está tomando el té con el genio de la lámpara, es colega suyo.

Álvaro se abre camino a través de las carcajadas y mira a Lola muy serio. Pero Sonia se ha dado cuenta de que también él se está aguantando la risa.

—Vamos a ver —repite, mirando a Sonia muy fijo y con un tono demasiado paciente—, no tienes ni un solo problema bien, no sé qué pasa, ¿es que te cuesta entenderlos? Si seguimos así, tendré que hablar con tus padres, no hay que avergonzarse, está claro que no todos somos iguales; hay personas a las que les cuesta más comprender las cosas, y lo que posiblemente necesites es venir al grupo de apoyo. De momento solo estaréis Pedro y tú, pero seguro que enseguida vendrán algunos alumnos más —risas en el resto de la clase—. Antes de irte, pasa por secretaría para anotarte. Y no te preocupes, como me llamo Álvaro que acabarás entendiendo todo, mayores retos he tenido que superar y peores torres han caído.

Álvaro piensa que Sonia no es inteligente y que tiene algún problema añadido de retraso mental, posiblemente por su genética, y se ríe para dentro al pensar en la sustituta. «¡Qué intuición! Un solo día y ya se permite opinar, y dice que Lola no va a aprobar su asignatura... ¿Es que no se ha dado cuenta de la brillantez de Lola? Hace falta estar ciega...».

—Perdona, Álvaro —Inés le sale al encuentro al terminar las clases—. ¿Podemos hablar?

Álvaro sonríe educado.

—No tengo mucho tiempo, he quedado con la madre de una alumna, pero si te vale que hablemos mientras fumo un pitillito...

—Sí, claro. Bueno, en realidad todavía no conozco a la clase, pero con una sola ojeada me ha parecido ver un caso claro de abuso.

«¡No! —Álvaro no puede creerlo—, ¿pero de qué va esta mujer?».

—Perdona, Inés, has estado con los alumnos un poco más de media hora y ya opinas sobre su psicología, realmente me dejas...

La sonrisa de Inés le desarma.

—Vamos a ver, no pretendo conocer vuestra clase, pero en poco más de media hora, como tú dices, pude darme cuenta de que Sonia no levanta cabeza.

Él da una calada intensa a su cigarro.

—Efectivamente, no conoces la clase, esta niña lleva aquí un curso y no ha hecho nada para integrarse, aparte de que creo que, a pesar de lo que comentas, tiene un retraso mental manifiesto.

Inés traga saliva y procura evitar su mirada.

—No lo creo. Es más, estoy segura de que no lo tiene. Es solo que está asustada, terriblemente asustada, como lo estaría cualquiera si una clase de alumnos veteranos la compara con Casper por ejemplo, o la llama Nata, o se ríe de ella...

—Es normal entre chavales, yo de ti no le daría más vueltas a la cabeza, no se puede sobreproteger a los alumnos. Na… Sonia se acabará defendiendo sola; a mí de pequeño me llamaban Piñón, por los piños —señala sus dientes separados—, y no me traumé, te lo aseguro. Enseguida destaqué en el fútbol y con los puños; hay que defenderse, está entre chavales como ella y, con alguna clara diferencia, es obvio que son todos iguales —apaga su pitillo en la arena—. Y ahora sí que te dejo, hasta mañana.

«Pues mira —piensa Inés mientras recoge la colilla para tirarla a la papelera—, yo pienso que es obvio que no todos somos iguales».

4

A Sonia le duele la cabeza. La apoya en su mano y corrige despacio la redacción que acaba de terminar...

Pablo es un niño discapacitado y se siente solo y triste. Su silla de ruedas es su mejor compañera porque le permite moverse y sentirte independiente, pero aun así le gustaría tener algún amigo o amiga con quien hablar y a quien escuchar. A veces sueña que puede andar, correr, jugar al fútbol y subir las escaleras, pero es mentira, solo es un sueño.

En el colegio todos le ignoran o quizá le compadecen, por eso en los recreos suele quedarse en clase leyendo algún libro.

Un día, mientras lo hace, una niña le mira desde la puerta, sin decir nada le sonríe, solo eso, pero Pablo se siente un poco más feliz y le devuelve la sonrisa.

Desde ese día, todo empieza a cambiar. Descubre que le apetece ir a clase, que llegue el primer recreo y esperar la sonrisa de la niña. Aunque no hablen no importa, esa sonrisa le hace entender que tiene una amiga, una amiga que desde hace una semana le regala su alegría.

A Pablo le gustaría también regalarle algo y un día hace un dibujo de un arco iris con una dedicatoria: Ni siquiera todos estos colores son tan luminosos como tú. Pero no se atreve a dárselo, lo guarda en su mochila y sigue sonriendo.

Pero ella sí se atreve a hacerle un regalo a él. Un jueves entra corriendo en clase y deja en su mano una hoja color melocotón con un dibujo de los dos; al verla acercarse, le parece todavía más pequeña que desde la puerta y más simpática. Ella le mira y cruza sus manitas a la altura del pecho cerrando los ojos. A Pablo le parece un gesto muy bonito, pero no acaba de entender qué significa...

—¿Cómo te llamas? —le pregunta con timidez.

Ella, con sus manos y sus labios, sin emitir ningún sonido, le dice que se llama Marta.

Desde ese día, Pablo ya no se siente solo ni triste; su nueva amiga, a pesar de ser sordomuda, no se siente desgraciada, disfruta haciendo nuevos amigos y superando sus retos y a Pablo le parece que sin el baile de sus manos Marta no sería tan guapa como es. Y empieza a entender que la alegría no está en conseguir lo que no tienes, sino en hacer bueno lo que tienes.

Dobla la hoja y la mete en su libro de Lengua, después cena con su padre y la abuela y se mete en la cama muerta de frío. Cuando su padre va a acostarse, la cree dormida y apaga la luz pasándole su mano grande por la cabeza. Sonia se acurruca hasta hacerse un ovillo y desea que su padre deje su mano ahí mucho tiempo, pero eso no sucede. Después se dice que mañana se levantará temprano para hacer la redacción de Lola y, mientras el murciélago descansa en su barriga, ella se va quedando dormida.

Cuando al día siguiente se despierta, descubre asustada que tiene el tiempo justo para vestirse, desayunar y marcharse al colegio. La abuela desde la ventana le hace un gesto de despedida, pero no sonríe y a Sonia le pesa la mochila más que nunca.

El corazón le late muy fuerte cuando ve acercarse a Lola, y todavía más cuando le pasa su brazo por los hombros.

—¿Qué, Natita, has traído mi redacción?

Sonia hace un esfuerzo para que se le escuche.

—No he podido, solo he tenido tiempo de hacer la mía.

Lola parece enfadada.

—Habías quedado en hacérmela, me lo habías prometido, si no la hubiera hecho yo misma. Lo siento, pero tendrás que darme la tuya.

—No puedo —protesta Sonia con una voz llena de lágrimas—. Solo tengo una redacción, si quieres te haré una en el recreo...

—¿Eres tonta, Nata? La clase de Lengua es antes del recreo. Y tú habías quedado en hacerme la redacción, así que haber espabilado. Venga, dámela.

Sonia abre despacio la mochila y saca los papeles, una lágrima cae justo en uno de los folios.

—¿Pero qué haces, torpe? —grita Lola—. ¿Quieres que se borre la tinta y luego no pueda copiarla? Y deja de llorar, que no es para tanto. ¡Corre, que va a empezar la clase de Álvaro!

—Yo no voy a entrar, tengo que hacer mi redacción.

—¿Y se puede saber dónde vas a esconderte para hacerla? Ya te han visto todos los profes —respira con paciencia—. Di que ayer te dolía la cabeza y listo.

Sonia querría hacerse tan pequeñita como una luciérnaga, y con su luz poder escribir la redacción en algún sitio donde nadie pudiera verla.

Olga viene corriendo.

—¿Qué pasa, Nata? ¿No entras? Te van a poner un negativo.

Sonia baja la cabeza.

—Pues allá tú, pero si te duele la barriga o algo, mejor que vayas al comedor a tomar una asquerosa manzanilla. Adiós.

En el comedor está Lourdes, la tutora de segundo de la ESO, hablando con las cocineras; al ver a Sonia, se acerca con el ceño fruncido.

—Siempre estáis por el medio y una no puede ni tomarse un café a gusto… A ver, ¿qué tienes? ¿Te ha comido la lengua el gato? Contesta.

—Me duele la barriga.

Lourdes suspira escandalosamente.

—Siéntate ahí que voy a por una manzanilla, y en cuanto te la tomes, ligerito para clase, ¿entendido?

Sonia saca con cuidado una carpeta de la mochila y apoya las hojas en la mesa.

—¡Ay! —grita Lourdes—. Esto sí que no, si estás enferma también lo estás para trabajar, nada de hojas en la mesa. Aquí se viene a lo que se viene, faltaría más.

Amanda, la cocinera gallega, se acerca con la manzanilla.

—Deja a la niña, mujer, que no hace mal ninguno; anda *filliña,* haz lo que quieras y tómala despacito que está *fervendo.*

Sonia se aguanta las lágrimas y por eso tiene un globo de nudos en la barriga, pero aun así trata de concentrarse mientras toca el borde de la taza con su mano derecha para calentarse, ¡tiene tanto frío!

Hace mucho frío, los copos de nieve lloran detrás de la ventana y una viejecita los mira caer mientras calceta un jersey para su nieto...

Las lágrimas no le dejan ver las letras. «¡Qué tontería! Esto no tiene nada que ver con una noticia», piensa. Y no se le ocurre nada, está convencida de que Inés va a pensar que es muy torpe.

El timbre del cambio de clase le da un susto. Y la manzanilla se va enfriando en la taza.

—Bueno, esto se acabó, si no se te pasa, es mejor que vayas a secretaría para que llamen a tu casa —Lourdes apoya la mano en su frente—. ¡Dios mío, estás helada! Anda, recoge tus cosas y ve a avisar de que no estás bien.

Sonia se levanta despacio y mete sus cosas en la mochila.

5

—¡Eh! Natita —la voz de Lola en el patio le hace levantar la cabeza—. Ya he terminado de copiar la redacción, no está mal del todo; seguro que a la cursi de Inés le va a encantar. ¿Y tú, has terminado la tuya?

—Estoy mala y voy a llamar a casa.

La carcajada de Lola casi la asusta.

—Eso sí que es una buena idea, vas aprendiendo; bueno, yo te dejo porque debe estar a punto de empezar la clase —se ríe—. Huy sí, realmente estás muy pálida, pobrecita.

En la puerta de secretaría, Sonia traga saliva, después abre la puerta... Inés está haciendo fotocopias.

—Hola, Sonia —dice con su sonrisa—. Qué bien que estás aquí, así podrás ayudarme; llévame, por favor, estas fotocopias... ¿o es que querías algo?

Sonia dice que no con la cabeza. Inés le levanta la cara con cuidado y ve la lágrima que se le acaba de escapar.

—Espera aquí un momento, por favor, ahora vuelvo. Dejo esto en clase y enseguida estoy contigo.

Mientras Inés le da a Ramón las hojas para que las deje en su mesa, Sonia piensa en lo qué va a decirle y en cómo se va a desilusionar cuando sepa que no tiene hecha su redacción, y de pronto desea meterse en su cama y que la mano de su padre cubra toda su cabeza hasta que se duerma.

La sonrisa de Inés es solo para ella.

—¿Quieres decirme qué te pasa, o prefieres quedarte aquí descansando? —dice cariñosa.

Sonia señala su barriga, y piensa que no puede hablar como Marta, la de su redacción.

—¿Te duele la barriga, hija? Ya veo que sí.

—No he hecho la redacción —dice con un hilo de voz.

Inés vuelve a sonreír.

—No te preocupes por eso, otro día me la traerás, pero si estás con fuerzas me gustaría que vinieras a clase, ¿vamos?

Sonia contesta con un sí bajito y el murciélago de su barriga deja de molestarle.

Cuando Lola las ve entrar juntas casi se desmaya... «¡No sería capaz esa Nata lechosa de chivarse a la profe!...», piensa. Ramón la mira divertido y hace el gesto de degollarla.

—Sonia va a ayudarme a recoger las redacciones —empieza Inés con una sonrisa— y a repartir las hojas de un cuestionario. Aquí aparecen algunas preguntas sobre vuestra redacción: ¿de dónde habéis sacado el tema?, ¿por qué os resulta interesante?, los nombres y edades de los protagonistas y un resumen de no más de tres líneas.

Sonia, al acabar de repartir los cuestionarios, levanta la mano con timidez.

—Ahora puedes empezar la tuya —dice Inés.

Mientras, Lola se revuelve inquieta en su sitio, Sonia con tranquilidad empieza a escribir. No se da cuenta de la mirada penetrante de su compañera que parece pedirle ayuda, y se concentra en lo agradable que le resulta inventar una historia.

A veces, las cosas se arreglan por sí solas y dejan de ser un problema. Uno se da cuenta de que siempre hay gente buena a su alrededor para ayudarle, gente que regala sus sonrisas a cambio de nada.

El otro día pusieron en la televisión un reportaje sobre un chico con síndrome de Down que había conseguido estudiar una carrera. Decía que lo había logrado gracias a su familia que creyó en él y le animó a seguir adelante. Seguramente hubiera sido muy difícil conseguirlo sin el apoyo de los que le quieren, y pienso que tampoco hubiera sido fácil si no llega a contar con la ayuda de sus compañeros de instituto y de sus profesores. ¡Es tan importante que los demás te sonrían!...

—¡Eh! Nata... ¿Estás sorda o qué? —susurra Lola—. Tienes que ayudarme.

La voz de Inés se escucha con claridad.

—¿Quieres algo, Lola?, ¿puedo ayudarte yo?

Lola, por primera vez, parece realmente asustada.

—No, no es eso, es solo que no estoy demasiado bien, creo que tengo la gripe, porque me duele bastante la cabeza.

Inés se acerca a ella.

—Entonces, creo que debes llamar por teléfono a casa. No te preocupes por el cuestionario —echa un vistazo a la hoja antes de que Lola pueda impedirlo—, con esto es más que suficiente para darme cuenta de que es tuya, no hace falta que lo firmes —se acerca hasta su oído y susurra—. Las faltas te delatan: «hincapatizado», «siya de ruedas», «hinbalido»... ¡Ufff!

Lola se levanta y sale sin mirar a los demás, que a su vez tampoco parecen interesarse por ella.

—Bueno —Inés rompe el silencio—, creo que a todos os habrá dado tiempo a terminar, así que, Olga, si eres tan amable acércame las hojas... Lo único que pretendía con este ejercicio es que aprendáis a resumir, a expresar vuestras opiniones...

Pilar levanta la mano.

—Lidia nunca nos puso un ejercicio como este, y solo hacíamos redacciones de vez en cuando.

Inés se sienta en su silla.

—Solo llevo dos clases y una redacción, si me dais un poco de tiempo entenderéis por qué lo he hecho. Necesito conoceros, saber lo que os interesa y guiaros para que aprendáis a observar lo que ocurre a vuestro alrededor.

—Pero eso no es normal en una clase de Lengua —sonríe Olga—, tú eres una profesora muy diferente a todas.

Toda la clase se ríe y Sonia empieza a relajarse.

—No soy yo la diferente —dice Inés—, sino mi forma de enseñar. Observar es una forma de concentrarse en lo que uno ve. Por ejemplo: si uno lee concentrado, todas y cada una de las palabras se fijarán en su mente y dejará de hacer faltas de ortografía. Si uno observa concentrado a un compañero, podrá conocerle y entenderle mejor.

Ramón levanta la mano.

—O sea, que si observamos a Nata bien concentrados, podremos mirar a través de ella y conocer el mundo del más allá.

Inés no sonríe y pide silencio con la mirada.

—Seguramente no, Ramón. Si observas a Sonia, podrás darte cuenta de que es una persona sensible e inteligente a quien le gusta que la respeten.. No creo que a ti te gustase que te llamasen «balón», por ejemplo, cuando tu nombre es Ramón.

La carcajada de la clase es unánime, se ríen todos, todos menos Sonia y Ramón.

—Hacer reír burlándose de otros es fácil —sigue Inés—, pero suele ser cruel. ¿Alguno de vosotros le ha preguntado a Sonia si le gusta que la llamen Nata?

Todos la miran. A ella le gustaría decir que eso no es lo peor, que lo que más le duele es que piensen que es tonta, tener que hacer los trabajos de Lola y que ninguno le sonría con cariño, pero no sabe cómo decirlo.

—Bien —suspira Inés—, creo que me habéis entendido, para comprender a los demás, solo hace falta ponerse en su lugar...

El timbre suena y todos se levantan a la vez. Olga observa a Sonia mientras guarda su redacción en la mochila. Después, se dirige pensativa hacia el patio.

6

En el patio está Lola, apoyada en uno de los co-lumpios de infantil. Al ver a Sonia, se dirige hacia ella enfadada.

—Te la has jugado, Natita, por tu culpa he te-nido que inventarme una excusa y tomarme una apestosa manzanilla. ¿Estás sorda o qué?, ¿cómo iba a acordarme de tu ridícula redacción? Lo has he-cho a propósito, *fantasmica*, y pienso castigarte.

Otra vez el murciélago.

—Mañana me vas a copiar mil veces: Soy una Nata lechosa, traidora y torpe. Si no lo haces, te la juegas; el viernes lo quiero a primera hora.

«Mañana es jueves y mil copias son muchísimas copias...», piensa Nata cuando Álvaro, el tutor, se acerca a ella, justo en el momento en que se está secando una lágrima.

—Sonia, supongo que habrás pasado por secre-taría para apuntarte al grupo de apoyo de mi asig-natura y recoger una carta para tus padres. Rosa te la dará; venga, date prisa.

Mientras Sonia se dirige a secretaría, Álvaro le sonríe a Lola.

—¿Qué tal tu nueva profe? Parece que no os lleváis muy bien.

—Prefería a Lidia, desde luego —contesta Lola con seguridad—. ¿Cuándo volverá?

—De momento ha pedido una excedencia para cuidar a su madre enferma. Creo que vamos a tener a Inés para rato.

—No me gustan sus clases —frunce el ceño Lola—. No seguimos el temario, solamente hacemos redacciones y redacciones.

Álvaro le revuelve el pelo con simpatía.

—Hay que darle tiempo, Lola. Inés es una persona muy preparada, ya verás como acabaréis entendiéndoos.

—No lo creo —sigue Lola—, además, ha empezando haciendo diferencias; Nata es su preferida, todos lo notamos.

Álvaro vuelve a revolverle el pelo y no le contesta..., pero en el fondo está completamente de acuerdo con ella.

Cuando Sonia vuelve de secretaría, Lola le grita enfadada:

—No te olvides, Natita, ¡el viernes!

Lo que menos se espera es la reacción de Olga.

—No se llama Nata, sino Sonia —dice, y luego se dirige a su compañera—. Sonia, ¿te apetece venir con Pilar y conmigo?

—Esa Nata asquerosa las sigue sin rechistar, pero ¿qué está pasando? —exclama Lola en voz alta, cuando Ramón se le acerca con otros compañeros de clase.

—¿Qué, Lola? —dice su amigo— ¿Jugamos al baloncesto o es que se te ha cortado la leche?

—¡Imbécil! —suelta Lola—. Juega tú si quieres...

Es la primera vez que se queda sola en el recreo. Y por supuesto, la lechosa esa es la primera vez que se queda con alguien; pero ya se encargara ella de que sea la primera y la última.

Sonia no se lo cree. Olga está tocando su pelo...

—¡Qué pelo más suave tienes, Sonia, parece de seda! Mira, Pilar, toca, ya verás, nunca he visto un pelo más suave..

Pilar lo toca con cuidado y Sonia casi tiene ganas de cerrar los ojos.

—Es verdad, da gusto tocarlo, parece el de un hada.

Alba se acerca interesada.

—Y tú qué sabes si las hadas no existen, a ver... ¿Puedo tocarlo, Sonia?

Sonia dice que sí con la cabeza. Y en un rato seis niñas más de la clase están alabando su pelo.

—¡Es precioso! —dice Alba con admiración.

—Lo malo es el color —sigue Pilar.

—Eso da lo mismo —dice Olga—, si quiere, cuando sea mayor se lo tiñe y listo. Seguro que de pelirroja estaría guapísima, yo pienso ser rubia y con un mechón violeta...

—¿Te gustaría ser pelirroja, Na... perdón, Sonia? —pregunta Alba.

—No lo sé —contesta Sonia con el corazón galopándole en la garganta—. Puede.

—Mi prima es pelirroja y es guapísima... —sigue Olga.

Lola se acerca rabiosa.

—¿Qué pasa, vais a estar ahí toda la mañana adorando a Nata? ¿Es que no tenéis otra cosa mejor que hacer?

—Se llama Sonia —repite Olga, apoyándose en las demás—, y no creo que le guste que la llamen Nata, ¿verdad?

Sonia baja la cabeza.

—No sabe lo que le gusta o lo que le disgusta. Venga, vamos.

—Yo me quedo con ella —terquea Olga—, es mi amiga.

—Y yo —se atreve a decir Pilar, pasándole un brazo por los hombros.

Rosalía y Alba siguen a Lola, un poco fastidiadas de tener que abandonar a Nata; mientras, Olga y Pilar acarician a Sonia como lo harían con un cachorrito indefenso. Y Sonia no se siente demasiado a gusto, la verdad... ¿Qué pasaría si Inés no la hubiera defendido?, piensa.

—Mañana, si quieres, traigo un coletero de casa; uno que tengo de flores y te lo pruebas, ¿vale? —pregunta y asiente Olga.

A Sonia no le gustan los coleteros de flores, pero no sabe cómo decirlo.

—Y seguro que si te pones un vestido, parecerías más un hada —sonríe Pilar—. Si quieres, yo te traigo uno mío del verano pasado, estarías monísima.

El timbre de entrar en clase las encuentra de la mano. Sonia, tan menuda, parece una muñeca entre dos mamás.

—Mañana, si quieres, le decimos a Pedro que se cambie de sitio y te sientas con nosotras, ¿vale? —pregunta Olga con una sonrisa.

—Vale —contesta Sonia avergonzada.

Y se dirige a su asiento. Allí, después de meter la carta en su mochila, se acuerda de las mil copias y empieza a sentir frío.

De camino a casa, Sonia piensa que, a pesar de todo, el día no ha sido tan malo, se ha salvado por los pelos del problema de la redacción y tiene dos nuevas amigas.

—Sonia, espera —es Inés, la profesora, quien ha parado el coche y la llama—. ¿Quieres que te acerque a algún sitio?

Su padre y su abuela le han dicho muchas veces que no debe subir a ningún coche.

—Vivo aquí cerca, gracias.

—Me gustaría que un día vinieras a mi casa, tengo un hijo, Juan, unos meses más pequeño que tú, seguro que podríais pasarlo muy bien juntos. Si tú quieres te acerco, hablo con tus padres y el viernes, por ejemplo, te invito a merendar.

Sonia no sabe qué contestar. Inés la mira con simpatía.

—Bueno, no te preocupes, te lo piensas si quieres, y otro día hablamos con tus padres.

—Yo puedo decírselo —Sonia nota como le arde la cara— a mi padre y a mi abuela, mi madre hace poco tiempo que ha muerto.

—Cuánto lo siento —dice Inés—. Es algo parecido a lo de mi hijo Juan, él solo me tiene a mí. Otro día entonces. ¡Ah!, y no te preocupes por la redacción, mañana leeremos las otras en clase y tú tendrás todo el fin de semana para acabar la tuya.

Sonia querría decirle que sí ha hecho su redacción cuando tenía que hacerlo, pero no puede. Y ahora tiene que empezar las copias…

7

Mientras su abuela calceta un jersey para su padre, Sonia empieza las copias; menos mal que no puede verla ni le presta atención porque se sentiría muy avergonzada.

—¿Has merendado? —pregunta levantando la vista de la labor.

—Sí —contesta Sonia.

—Sí, abuela —la corrige.

No es que la abuela no la quiera, es solo que está muy triste, según dice su padre, por eso no sonríe y casi nunca le da besos.

Su padre abre la puerta y Sonia cierra de golpe la libreta donde está haciendo las copias.

—¿Qué tal todo? —pregunta mientras apoya la mano en la cabeza de Sonia—. ¿Alguna novedad?

La abuela ni siquiera le mira, y va a la cocina a calentar la cena.

—Deja, Carmen, no te molestes, yo lo haré.

Ella hace como si no le escuchara y Sonia siente pena de su padre.

—Tengo una carta del colegio.

—¿Mala o buena? —pregunta su padre, sentándose a su lado.

—Regular —dice Sonia—, tengo que ir a clases de apoyo de Matemáticas. Es que no las entiendo.

—¿Y eso cuesta dinero? —pregunta la abuela con el mantel en la mano.

—Creo que no —contesta Sonia sin mirarla.

—Y si cuesta, es lo mismo —su padre tampoco la mira—. Si la niña lo necesita, se saca de donde haga falta —ayuda con el mantel—. A mí tampoco se me daba bien Matemáticas.

—Empiezan el martes, y también ha dicho mi profe nueva de Lengua que si el viernes puedo ir a su casa a jugar con su hijo.

Su padre la mira despacio.

—¿Te lo ha dicho la profesora?

—Sí —contesta Sonia.

—Entonces puedes ir, hija; si te ha invitado la profesora, puedes ir.

Sonia se siente bien de repente.

—Hoy quería venir a conoceros, pero iba a traerme en coche y yo no quise subir.

—Eso está bien —responde la abuela—. Mira lo que le pasó a tu madre con el coche.

Su padre corta el pan.

—No es así, Carmen —dice—. Sofía tuvo un accidente, pero si la profesora de Lengua lleva a Sonia en coche no tiene por qué pasar nada; otra cosa distinta es que ella subiera al coche de un desconocido.

La abuela suspira, pero papá no la mira y toma la sopa muy despacio.

—Está muy buena —dice al cabo de un rato—, y estaba pensando que este fin de semana podríamos ir al cine, yo libro el sábado. La abuela y tú podéis elegir una película.

—Es mejor que vayáis la niña y tú, yo tengo cosas que hacer.

Sonia piensa que la abuela es tan perfecta que nunca se olvida de ninguna de las cosas que tiene que hacer. Y papá no insiste, nunca insiste cuando la abuela dice algo.

Cuando Sonia está en su habitación haciendo las copias, su padre llama a la puerta y abre.

—¿Qué haces, hija? Hoy tienes muchos deberes.

Sonia esconde las hojas debajo del libro.

—Una redacción, ahora acabo.

Su padre la mira con tristeza.

—¿Quieres leerme esa redacción?

Sonia dice que no con la cabeza.

—A tu madre le gustaba leer y escribir como a ti.

—Ya lo sé, papá.

—Yo soy más bruto —sonrie.

—Ya —dice Sonia con tristeza—, pero no importa.

—Me alegro de que tu profesora te invitara a su casa, hija.

—Es una profe nueva de Lengua. Se llama Inés y tiene un hijo unos meses menor que yo.

—Eso está bien —contesta su padre mirando el reloj—. Ahora debes acostarte, es muy tarde. Buenas noches.

—Buenas noches, papá.

Sonia sabe que no puede acostarse hasta que acabe por lo menos dos páginas más de la copia, pero mientras se pone el pijama vuelve a pensar que las cosas no han ido mal del todo. Aunque no le gusten los coleteros, Olga y Pilar quieren estar con ella, y Rosalía y Alba le hablaron antes de irse con Lola. Rosalía suele ir a la biblioteca a coger libros, también le gusta leer... y papá le ha dejado ir a casa de la profe. «Soy una Nata lechosa, traidora y torpe», copia veinte veces más antes de quedarse completamente dormida.

La voz de la abuela parece llegar de muy lejos.

—Venga, niña, arriba, tienes el desayuno en la mesa y aún no te has aseado. ¿Qué te pasa hoy? Y mira los papeles, todos arrugados... Date prisa, que vas a llegar tarde.

Menos mal que la abuela no ha leído los papeles, Sonia los mete deprisa en la mochila y bebe su leche ya casi fría. Ni siquiera le ha dado tiempo a peinarse. Y si no fuera porque la abuela deja la ropa bien planchada, cualquiera diría que hoy no se ha lavado ni la cara.

8

Cuando llega al colegio, Olga y Pilar se acercan a ella.

—He traído el coletero —sonríe Olga—, también un peine, que hoy por cierto te hace mucha falta... Pilar te ha traído un vestido precioso, ya verás. En el recreo te lo enseñamos. Venga, vamos.

Su nueva amiga le pasa un brazo por el hombro y casi tropiezan con Lola que ni siquiera les mira. Cuando empieza a despertar el murciélago de su barriga, Pedro le cede su sitio.

—Puedes sentarte aquí, Sonia, nunca creí que valieras tanto, tus nuevas amigas han comprado mi sitio por dos cedes regrabables y cuatro pilas alcalinas.

—No le hagas caso —sueltan las dos casi a la vez—. Siéntate aquí.

Las tres primeras clases pasan volando y Sonia no puede seguir con su copia porque Olga y Pilar no la dejan en paz. Hasta Rafa, el profesor de Música, tiene que llamarles la atención varias veces.

—A ver, ese trío —dice.

Cuando llega el recreo, Sonia, resignada, se deja peinar todas las veces que haga falta.

—Estás guapísima, Sonia. Solo te faltan unos pendientes de perlitas —suelta Olga admirada—, y no te digo nada cuando sea verano y te pongas el vestido de Pilar. A ver...

Sonia tiene el pelo tan estirado y pegado a la cabeza que casi le duele, pero las ve tan ilusionadas que no se atreve a quitarse el coletero. Las carcajadas de Lola casi la dejan sorda.

—Pero ¿qué te han hecho, Natita? Se te van a enfriar las orejas, pero ¿la habéis visto? ¡Qué pinta!

—Eres una envidiosa —se le encara Olga—. Y se llama Sonia.

—Está bien, Sonia, no he dicho nada —le da la espalda Lola—. Ya hablaremos cuando no estén contigo tus guardaespaldas.

La entrada de Inés interrumpe a Lola, que enseguida se dirige a su sitio.

—Hola a todos —empieza Inés buscando a Sonia con la mirada y sonriendo—. Hoy vengo realmente emocionada, vuestras redacciones están bastante bien, he separado las tres mejores para leer en clase porque considero que merece la pena escucharlas —el corazón de Sonia late muy fuerte—. Empezaremos por ti, Rosalía, solo tienes dos faltas y el tema que has elegido demuestra que eres una persona sensible —le alarga la hoja—. Cuando quieras, puedes empezar.

Rosalía se levanta y carraspea dos veces antes de leer.

Alberto está en una patera con sus padres, solo tiene doce años y además tiene mucho frío. Tiene que llegar a su destino si quiere comer, crecer y vivir. Hace tiempo que está mareado y nota que las olas crecen cada vez más. Tiene miedo, pero al ver los ojos de su madre sabe que no puede quejarse. Ella lleva dentro del vientre a su hermanito o hermanita, que, si Dios quiere, va a nacer en un país donde tendrá oportunidades. Tampoco puede decir que tiene miedo porque su padre le ha dejado su chaqueta y anima a todos a seguir adelante. También en la patera viene su tía de veinticinco años, que ha dejado en tierra a su hijito de dos para que lo cuide su abuela, quiere trabajar para mandarle dinero y que sea un hombre de provecho.

Las olas crecen tanto que la barca se balancea peligrosamente y algunas personas empiezan a rezar. Alberto mira los ojos de su padre y empieza a ver en ellos la preocupación. ¿Qué podría hacer él si la barca se hunde? Casi no sabe nadar y hace tanto frío.

Cuando se acerca una ola gigantesca, él agarra el brazo de su madre y antes de oír unos gritos, le envuelve el agua helada, trata de llegar a la barca pero no lo consigue, solo los ánimos de su padre que le gritan adelante le dan fuerzas para llegar hasta ellos.

Cuando ya todo parece perdido, una sirena de otro barco les da esperanzas para aguantar. Solo

cuando está a bordo, envuelto en una manta y be-
biendo leche caliente se entera de que su tía y cator-
ce personas más que iban a bordo han muerto y
siente una pena terrible por su primito.

Toda la clase está en silencio y Sonia se seca despacio una lágrima mientras mira con admiración a
Rosalía. ¡Cuánto le gustaría ser su amiga!

—Como veis, es una redacción preciosa. Es cierto que hay algunas cosas que se pueden mejorar, no
en el contenido sino en la redacción propiamente
dicha. Has repetido muchas veces la palabra «tiene» y faltan algunas comas, pero —la sonrisa de
Inés ilumina su cara— no puedo hacer otra cosa
que felicitarte por tu sensibilidad.

Rosalía se sienta un poco avergonzada.

—La siguiente —sigue Inés cogiendo el folio— es
la de Ramón. Te felicito también por tu sentido del
humor, aunque es un poco breve, está llena de contenido, me gustaría que la leyeras.

Ramón se levanta y parece también avergonza-
do. Sonia no puede creérselo.

—Bueno —carraspea Ramón—, el título es «Quiero *másssssss*».

Filomena nunca se cansa, su vida no está completa
sin probar todas y cada una de las cosas que anuncian
por la tele. Al levantarse, y para que le espere un día
redondo, levanta los dos dedos obesos de sus manos

para que su abuela Deolinda le plantifique dos redondos y jugosos donuts. Una vez digeridos, se levanta animada y se dispone a empezar su día laboral.

Al abrir la puerta, tropieza con su gato, Peluche, que tenía el turbo puesto para salir a la calle en busca de gatas, y cae cuan gorda es encima de su mascota, que está claro que hoy no probará los donuts porque suelta su último maullido.

—Abuelita Deolinda —dice Filomena con un puchero—, necesito más donuts, ¿no ves que me he caído?

Y sin más levanta sus deditos gordezuelos para que la abuela plantifique otros dos donuts, que la niña devora convencida.

—Ya verás, cariño, como tendrás un día redondo, te he metido otro par de donuts en la mochilita —dice mientras la ayuda a levantarse.

Y mientras Filomena abre la puerta de la calle y sonríe con la boca llena de azúcar a su adorada abuelita, una pelota redonda, redonda, que la redondez de Filomena no puede esquivar, aterriza en su redonda cara para que tenga un día: ¡¡¡REDONDO, REDONDO!!!

Sonia se imagina la escena y se ríe con toda la clase.

—Bueno, Ramón —Inés le mira divertida—, aunque no has llegado al folio como habíamos quedado, está muy bien, además no tienes ninguna falta, enhorabuena.

Ramón se sienta después de pedir una ovación con las manos que, por supuesto, la clase arranca entusiasmada.

—Y ahora es tu turno, Lola —dice Inés con seriedad, mientras Sonia nota cómo le arde la cara cuando Lola se levanta para coger el folio—. La redacción me ha emocionado, no solo está bien construida, sino que además el tema ha superado el de todas las demás. Lo único sorprendente y curioso es que no hayas hecho ninguna falta de ortografía, ni siquiera en aquellas palabras que después has repetido mal en el cuestionario. ¿Cómo se explica eso?

—Es que... —Lola no parece muy segura— alguien me ha ayudado a corregirlas.

—Ese alguien no sería Sonia, ¿verdad? —pregunta todavía más seria Inés.

Sonia empieza a sentirse muy mal.

—Lo digo —sigue la profesora— por la forma en que te dirigiste a ella el otro día en clase. ¿Sonia suele ayudarte?

Toda la clase está en silencio y pendiente de la respuesta de su delegada. Solo se escucha el corazón de Sonia, o al menos es lo que ella piensa.

—Bueno —contesta Lola—, a veces yo también la ayudo en Matemáticas y...

—Bien, ¿puedes entonces empezar con la lectura, por favor? —la interrumpe Inés.

Mientras Lola lee la redacción a trompicones, toda la clase parece cambiar: Pablo, el niño discapacitado, se convierte en uno de ellos y ocupa un

sitio en el aula, y Marta, la niña frágil de la sonrisa, se parece muchísimo a Sonia...

—Es una pena que te atasques tanto en la lectura, Lola —la voz de Inés suena firme—, casi prefiero que otro continúe leyendo. ¿Podrías leerla tú, Sonia? Lo que sí te pediría es que empieces de nuevo, que levantes la voz y vocalices lo mejor posible, ¿de acuerdo? —la anima.

Sonia alarga una manita temblorosa para coger la redacción que le pasa Lola y después lee, con una voz cálida y perfectamente modulada, su texto.

Toda la clase arranca en una ovación enorme cuando termina. Y la voz de Inés suena muy diferente.

—Felicidades por tu lectura, Sonia; con ella la redacción resulta mucho más emotiva, y ahora, si no te importa, devuélvesela a Lola, por favor.

Ella ni siquiera la mira cuando recoge con decisión la hoja.

—Siento no poder ponerte el diez que te correspondería por la redacción, Lola, me parece justo que tres de los puntos sean para tu compañera, que te ha ayudado con las faltas y la lectura. Cuando Sonia entregue la suya, le añadiremos esa puntuación.

La voz de Pilar se escucha con claridad.

—¿Se puede puntuar con un trece? —la clase se ríe—. No creo que Sonia saque menos nota en su redacción, es muy buena escribiendo.

—Bueno —sonríe Inés—, no exactamente, pero al lado de su calificación se podrá añadir un positivo.

—¿Y por qué puntúa la lectura? Con Lidia nunca pasaba —dice Lola, molesta.

—¡Quizá porque la redacción es suya! —exclama Olga, enfurecida.

El silencio es tan grande que se puede oír en un susurro la voz de Lola...

—¡Chivata, imbécil!

Inés cierra el libro de Lengua.

—Yo más bien la llamaría de otra forma, Lola, creo que Olga es simplemente solidaria. Y ahora, ya que tú has hecho una pregunta que Olga ha contestado, voy a hacerte yo otra. ¿Quién ha hecho esta redacción?.

Lola no contesta.

—¿Puedes contestarme tú, Sonia? ¿Has hecho tú la redacción?

La voz de Inés es tan dulce que Sonia no puede mentirle y baja la cabeza. El timbre suena con fuerza antes de que la reacción de la clase se manifieste.

—Quiero que os quedéis las dos aquí conmigo —dice Inés—, los demás podéis iros.

9

Durante el recreo, la reacción de la clase no se hace esperar, hay dos bandos definidos, aunque también variedad de opiniones.

—Te has pasado mucho —le dice Pedro a Olga—. Ser chivata es lo peor.

La voz de Rosalía suena tan firme que todos la escuchan sin decir nada.

—También se ha pasado Lola, nadie puede tener un esclavo, y además no es cierto que ella le ayude con las Matemáticas.

—Creía que eras su amiga —interviene Ramón, después de un silencio.

—Y lo soy, pero no está bien lo que hace. Todos nos pasamos con Nata.

—Se llama Sonia —protesta Pilar.

—Toda la vida ha sido Nata —contesta Pedro—. ¿Alguien quiere jugar al fútbol?

Ramón sale detrás de Pedro sin decir nada.

—Yo no soy una chivata —se defiende Olga cuando los ve alejarse—. Nunca lo he sido, es solo que me molesta lo que hace con Sonia. Inés tiene razón, esas cosas duelen mucho.

—No te preocupes —dice Pilar—. Yo sé que no lo eres.

—La verdad, has sido muy valiente, Olga, yo tampoco pienso que seas una chivata —murmura Rosalía, aunque con cierta dificultad, antes de marcharse.

—No me gustaría nada ser Lola en este momento —sonríe traviesa Pilar, mientras le pasa un brazo por los hombros a su amiga.

—Ni a mí —contesta Olga con una carcajada.

Inés está tan enfadada con Lola que Sonia empieza a notar el murciélago de su barriga.

—¡Nunca hubiera imaginado que alguien pudiera tener tanta cara! Puedo entender que os copiéis, pero esto es mucho más grave. ¡Haces que Sonia trabaje para ti!...

—Solo ha sido esta vez —se defiende Lola—, y si no fuera por la chivata de...

—¡No eches la culpa a una compañera! Cualquiera podía darse cuenta, has permitido que una de tus colegas se quedara sin su redacción a costa de un suspenso...

—¡Tú no le has dicho nada por no traerla! ¿Qué pasaría si hubiera sido al contrario? —se atreve a decir Lola—. Enseguida nos dimos cuenta de que ella es tu preferida.

Inés no contesta, respira profundamente y coge a Lola de un brazo.

—Ahora mismo vamos a hablar con la directora —dice tratando de mantener la calma.

Sonia empieza a temblar y casi no puede contener las lágrimas.

—La culpa es mía —dice con un hilo de voz.

—No, no lo es, Sonia —contesta Inés con ternura—. Ahora, puedes irte, luego hablaré contigo; primero, quiero ver los ejercicios de Lengua que habéis hecho con Lidia y así podré saber si realmente esta ha sido la primera vez. Estas cosas no se pueden consentir.

Cuando Sonia se queda sola en la clase, piensa que esto no debería haber pasado; Lola se convertirá en su enemiga y ella tendrá que hacer miles y miles de copias...

Rosalía abre la puerta despacio y, al verla, Sonia empieza a rebuscar en su mochila.

—Es mejor así —dice Rosalía—, ahora no tendrás que volver a hacer las redacciones de Lola.

Sonia no puede contestar, el murciélago de su barriga no para de moverse.

—Escribes muy bien —sigue—, si hay que hacer algún trabajo en equipo, te elegiré a ti. ¿Vienes?

Sonia la sigue sin atreverse a ponerse a su lado, Rosalía la espera y le sonríe.

Cuando Lola vuelve del despacho, no parece la misma. Se nota que ha llorado y tiene puesta su cazadora de colorines. Recoge su mochila y sale sin decir nada, solo Ramón la sigue con la mirada, el resto de la clase espera la llegada del tutor en un silencio total.

—Bueno —les dice Álvaro que parece que está de malhumor—, supongo que ya sabréis lo que ha pasado. Lola ha sido expulsada durante dos días que le vendrán muy bien para pensar en lo que ha hecho. Espero que a su vuelta todos os comportéis como si nada hubiera ocurrido. Estas cosas pasan y no son un drama; además, todos debéis pensar que tan culpable es el que lo hace como el que lo permite y creo que me habéis entendido. Empezamos a no ser niños y no tenemos que comportarnos como si lo fuéramos... Y ahora, por favor, abrid el libro por la página veintisiete...

Sonia no se entera de nada de las explicaciones y cuando suena el timbre, recoge sus cosas para marcharse a casa.

—Sonia, ¿puedes esperarme? —Inés entra en el aula con una sonrisa—. Quiero hablar contigo.

Rosalía, Olga y Pilar esperan también.

—Solo tardo un momento, tengo que hacer una llamada a casa.

—Es que... —balbucea Sonia—, mi padre no sabe que voy a quedarme, tendría que llamarle yo también.

—Si nos dices dónde vives —le responde Olga—, nosotras podemos avisarle de que llegarás más tarde.

—No hace falta, gracias, le llamaremos por teléfono —sonríe Inés mirándola—. Podéis iros ya, no querría tener que llamar a vuestra casa también.

—Profe —dice Olga muy despacio—, yo no soy una chivata.

—Lo sé, creo que eres una buena compañera y una buena amiga. Esto —dice mirándolas a las tres— va a servirnos a todos para pensar.

—Lola no es mala persona —empieza Rosalía.

—Estoy segura de que no lo es, pero tendrá que aprender a ser una buena compañera; en este caso no lo ha sido.

—Sonia ya es nuestra amiga —sonríe Pilar—, de las tres.

—Estupendo, siempre ha debido ser así —contesta Inés.

Cuando salen de clase, Olga suspira.

—Lola no tiene ni idea, Inés no es nada cursi, es la profesora más guapa que conozco.

—Sobre todo, es inteligente —dice Rosalía.

—Y Sonia le queda muy bien, ¿verdad? —se ríe Pilar—. Podría ser su hija, está tan mona con el pelo recogido…

—¡Qué pesadas sois! Sonia no es una muñeca, a ver si dejáis que se vista y se peine como le dé la gana, y daros prisa que vamos a perder el autobús.

10

—Si te parece —empieza Inés al volver—, llamamos a tu casa y le decimos a tu padre si puedes venir a la mía, tengo ganas de que conozcas a mi hijo Juan. En el coche podríamos hablar.

—Es que tengo deberes —Sonia piensa en las copias.

—Puedes hacerlos en casa si quieres...

Sonia no sabe decir que no.

—Dame el número.

—Es que seguro que mi padre aún no ha llegado a casa y mi abuela...

—¿Sabes qué te digo? —la interrumpe Inés—. Lo mejor será que yo te lleve a tu casa, que hable con tu abuela y le pregunte si mañana puedes tú venir a la mía, creo que es lo mejor, deja que yo avise a mi hijo de que voy a llegar un poco tarde...

En el coche, Sonia se siente muy cómoda, está cansada y le gustaría cerrar los ojos y quedarse dormida.

—Tú tienes que guiarme, yo no sé dónde vives.

—Está muy cerca de aquí, pero yo nunca he ido en coche. Antes teníamos uno, pero ya no. Siempre vengo andando aunque me pese la mochila.

—¿Tu padre no conduce?

Sonia sonríe.

—Sí. Es conductor de autobús.

—Ahora lo entiendo. Está tan harto de conducir que ya no quiere ver un coche ni en pintura.

Sonia preferiría no hablar.

—No es por eso, es que mi... madre murió hace menos de un año cuando iba al trabajo, se estrelló con el coche...

—Lo siento —dice Inés afectada.

—La abuela no quiere que yo suba a ningún coche, pero papá dice que eso no tiene nada que ver, fue un accidente.

—Claro, yo creo lo mismo. Pero es normal que tu abuela piense así. ¿Es la madre de tu mamá?

Sonia asiente con la cabeza.

—La echas mucho de menos, ¿verdad?

—Sí. Mamá sonreía mucho, era muy buena.

Inés traga saliva y la mira con ternura. Sonia se anima a hablar.

—Una sonrisa es más bonita que una risa.

—Yo pienso igual que tú, eres una niña muy sensible y por eso fuiste capaz de hacer una redacción tan bonita. Yo siempre supe que era tuya, desde el principio, aunque Olga no lo hubiera dicho.

—Es ahí —dice Sonia, contenta de que ya hayan llegado y no tener que seguir hablando de eso.

—Ahora tenemos que buscar un sitio para aparcar... Vamos a concentrarnos en eso y después seguiremos hablando, ¿te parece? Mi hijo Juan cruza los dedos, pone el sentido de observación al máximo y siempre aparece uno.

Sonia cruza los dedos y...

—Allí hay uno, mira, junto al rojo, y casi está al lado de mi portal.

Mientras Inés aparca, Sonia se ríe con ella.

—Yo tengo llave, no llames —dice cuando llega casi jadeando al tercero.

La abuela se asusta al ver a Inés, pero su sonrisa la tranquiliza.

—¿No habrá pasado nada, verdad?

—Por supuesto que no, señora, soy la profesora de Sonia y me gustaría hablar con ustedes.

—¿Ha hecho algo malo?

La abuela no se aparta de la puerta y Sonia desearía que fuese un poco más simpática.

—¿Está papá, abuela?

—Todavía no ha llegado, pero pase, por favor. Estaba casi sin luz, ahora la enciendo. ¿Ha hecho algo malo?

Inés se sienta en el sofá

—No —sonríe—. Sonia es una niña muy buena e inteligente.

—Pues así mejor. ¿Quiere tomar algo?

—No, gracias, he venido solo para pedirle que dejara a su nieta venir este viernes a mi casa, me gustaría que conociera a mi hijo que es casi de su misma edad.

—Ya nos ha dicho algo de eso la niña y su padre le ha dado permiso. La madre, por desgracia, no puede decir nada.

Sonia está deseando que llegue su padre y al momento escucha la llave.

—¡Papá!

Inés se levanta y le saluda alargando la mano; por primera vez desde hace tiempo, Sonia advierte lo delgado que está su padre y la cantidad de canas que le han salido. Ahora, todo parece más fácil, los dos hablan y hablan, y hasta toman unos refrescos que Sonia va a buscar encantada.

—Bueno, yo tengo que irme, mañana entonces no la esperéis muy pronto, seguro que iremos a tomar una pizza o una hamburguesa.

Papá parece contento y cuando cierran la puerta le acaricia el pelo.

—Estás muy guapa hoy, hija, y tu profesora me parece una mujer encantadora.

La abuela no dice nada, pero parece más contenta que otras veces. Sonia recoge la mesa.

—¿Hoy no tienes deberes? —pregunta su padre.

—Hoy no, papá —contesta Sonia pensando en las copias—. Hoy voy a leer un libro en la cama.

Cuando le da un beso a la abuela, ella levanta la mano y le acaricia la cara.

—Buenas noches, abuela —dice sonriendo—. Buenas noches, papá.

—Después iré a tu cuarto para apagarte la luz, hija.

Cuando su padre se acerca, ella cierra los ojos y respira suavecito para que la crea dormida; siempre que hace eso, él deja su mano más tiempo en su cabeza.

—Buenas noches, tesoro —dice con una voz dulce y llena de sonrisas.

11

Sin Lola en el colegio, todo es más fácil; aunque hoy no tiene clase con Inés, las horas pasan más rápido y sus tres amigas la acompañan a todas partes.

—¿Tienes muchos libros, Sonia? —le pregunta Rosalía en el primer recreo.

—Sí, bastantes, siempre me regalan alguno en mi cumple o en mi santo, debo tener catorce o quince, por lo menos.

—¿Solo? Yo debo tener más de treinta, si tú tienes alguno que yo no haya leído, podemos intercambiarlos. ¿Has leído *La historia interminable*?

—No.

—Pues el lunes te lo traigo, o si quieres vienes hoy a mi casa y te lo doy.

—Pensaba decirle que viniera a la mía —dice Olga un poco celosa.

—Eso —suelta Pilar—, podemos ir todas a tu casa, si no te importa, claro.

—Vale —dice Olga—, seguro que a mi madre no le importa.

Sonia no puede creérselo…

—Hoy no puedo, ya he quedado, pero si queréis voy otro día..

Mientras espera a Inés, Sonia piensa en cómo han cambiado las cosas, ahora ya tiene tres amigas y nadie de la clase ha vuelto a llamarla Nata, y todo gracias a su profesora nueva.

—Sube, Juan nos está esperando con mucha ilusión —dice al recogerla.

Inés vive algo lejos del colegio, su casa es preciosa, tiene un poco de jardín y un perro pequeño que no para de mover el rabo cuando las ve…

—¡Mira, Trufa, esta es Sonia, deja ya de saltar que nos vas a poner perdidas, quieta!

A Sonia le gusta Trufa y se ríe cuando le lame la cara al agacharse para acariciarla. Al abrir la puerta, una chica muy simpática las saluda; detrás viene Juan, el hijo de la profesora, ¡en una silla de ruedas! y con una sonrisa de arco iris.

—Sonia —dice Inés—, este es mi hijo Juan.

—Hola —dice Sonia sonriendo también con timidez.

—Hola, Sonia. ¡Ahí va, mamá! Ella es tan blanca y yo tan oscuro que parecemos un helado de nata y chocolate.

Sonia suelta una carcajada y los demás también; Juan es un niño negro y es la primera vez que no le molesta que la llamen Nata.

Con Trufa en sus brazos, Sonia se va enterando de la vida de su nuevo amigo. Juan es un niño de Etiopía a quien Inés, hace más de cuatro años, fue a

buscar para traérselo a vivir con ella a España y convertirlo en su hijo. De momento, está en silla de ruedas porque le han operado de las piernas, pero pronto, gracias a la rehabilitación con su fisioterapeuta, la chica tan simpática que estaba con él, volverá a andar.

—¿Entiendes ahora por qué me gustó tanto tu redacción? —dice Inés—. Hablabas de la discapacidad y enseguida pensé en Juan. Me emocioné al leerla, te lo aseguro.

—A mí no me gustaba nada leer, ¿sabes?, pero desde que estoy en la silla, mi madre me trae cada semana un libro de la biblioteca y no tengo más remedio que leerlos; me gusta más el fútbol, la verdad, pero ahora me estoy enganchando a la lectura. Lo que sí me divierte es hacer versos.

—Yo también escribo poesía; escribir me gusta mucho, hace que me sienta mejor —dice Sonia descubriendo que hablar es más fácil de lo que pensaba.

—Bueno —dice Inés de pronto—, voy a llevar a María la fisioterapeuta a su casa, enseguida estaré de vuelta.

Cuando Inés se va, Juan y Sonia empiezan a conocerse y es todo tan fácil que, cuando vuelve, se puede decir que ya son dos excelentes amigos. Y hasta Lola deja de preocuparle.

—Mi madre me ha contado lo de la redacción.

—Sí —dice Sonia, acariciando el pelo duro de Trufa.

—A mí no me gustaría hacer el trabajo de otro.

—No —contesta Sonia sin mirarlo.

Inés, que ya ha regresado, interviene desde la puerta.

—Sobre todo cuando uno no quiere hacerlo —dice con una voz muy dulce.

—Ella no me obligaba, yo lo hacía para que fuera mi amiga y... para que no se riera de mí. Lola es muy guapa y muy simpática. Tiene cientos de amigos.

—Yo preferiría ser amigo tuyo antes que de ella —responde Juan con una sonrisa llena de dientes blancos.

—No la conoces, ella sabe hacer de todo, es buena en Educación Física, en Matemáticas, en Plástica, en Sociales...

—Y es malísima en Lengua —replica Inés—, hace más de mil faltas por minuto. Espero que estos días que va a pasar en casa le ayuden a pensar con claridad.

—Cuando vuelva, estará muy enfadada conmigo —dice Sonia tan bajito que casi no se la escucha.

—No lo creo, hemos hablado con ella...

—Dirá que soy la preferida de la profe... de ti.

—¡Y qué si lo dice!, si es la verdad, tendrá que aguantarse —se ríe Juan.

—Tu madre se irá algún día y cuando venga Lidia, todo volverá a ser como antes —de pronto se acuerda de las copias—. ¿Cuándo volverá? —pregunta asustada.

—¿Quién, Lidia?

—¡No! ¿Cuándo volverá Lola?

—El lunes, pero no te preocupes, las cosas van a cambiar, te lo prometo, conmigo o sin mí. Porque tú no vas a permitir que esto vuelva a pasar.

De pronto, Juan dice las palabras mágicas.

—Además, aunque mi madre no esté en el colegio, estaré yo el curso que viene, y en tu clase: ¡Nata y Chocolate serán invencibles!

Hoy ha sido uno de los mejores días en la vida de Sonia, casi no puede dormir de los nervios y de la alegría. Juan es su mejor amigo y tiene la sonrisa más luminosa del mundo con un montón de dientes blancos.

—¿Sabes, papá? —dice cuando él le va a dar el beso de buenas noches—. Inés ha dicho que un día podríamos ir al cine todos juntos, también con la abuela. Ellos no tienen familia aquí y están deseando conocer a gente. ¿Podremos ir, verdad?

—Claro que iremos, hija —dice su padre acariciándole el pelo—. Ya va siendo hora de que empecemos a divertirnos, es lo que mamá hubiera querido.

En este momento, Lola no le preocupa en absoluto, ni ella ni las copias sin terminar. De pronto tiene una idea, se levanta de la cama, saca el papel arrugado de las copias de su mochila y lo va rompiendo en pedacitos, después, los tira al váter y mira cómo desaparecen en el agua que sale de la cisterna.

De vuelta en su habitación, coge una hoja nueva de la carpeta y con muy buena letra escribe una frase, ¡solo una frase! Luego con una sonrisa de arco iris la mete otra vez en su carpeta. Se duerme escuchando las palabras mágicas de Juan: «¡Nata y Chocolate serán invencibles!».

12

Hoy han empezado en el primer recreo las clases de apoyo de Matemáticas, solo son dos alumnos, Pedro y ella. Las dudas empiezan a aclararse y Sonia se atreve a preguntarle a Álvaro, que, por primera vez, parece querer ayudarla.

—Esto está muy bien, Sonia, parece que lo has entendido, creo que eres más lista de lo que pensaba...

—Yo pienso que siempre fue lista, Álvaro, solo que antes estaba con el genio de la lámpara, ¿no te acuerdas? —dice Pedro.

—¡Mira quién habló!, el que siempre está atento. Anda, concéntrate en lo tuyo, que solo de una ojeada he visto que tienes tres fallos —le contesta Álvaro corrigiendo su problema—, y date prisa en acabar que ya va a tocar el timbre.

Pedro y ella recogen sus cosas para ir a clase, y el tutor les entrega una hoja de ejercicios para hacerla en casa.

—Podemos hacerlos juntos —dice Pedro con una sonrisa—, yo te ayudo a ti y tú a mí, ¿vale?

—Vale —dice Sonia.

Al entrar en clase, el corazón empieza a latirle con fuerza, Lola está en su mesa vaciando la mochila.

—¡Lola! —grita Pedro al verla—. ¿Qué tal tus vacaciones?

Lola ni le mira ni le contesta. El resto de la clase va ocupando su sitio e Inés cierra la puerta. Ramón se sienta a su lado. Rosalía le pasa un libro a Sonia.

—Toma —dice bajito—, *La historia interminable*. Ya verás como te gusta.

—Gracias —dice Sonia sonriendo.

Inés empieza su clase y aunque Sonia está atenta no puede dejar de pensar en Lola, no parece la misma porque ni siquiera abre la boca. Da la impresión de que está enfadada.

—Hoy vamos a hacer rimas. Supongo que todos habéis hecho versos alguna vez. Yo voy a daros tres palabras y con ellas vais a construir un verso. Por ejemplo, tú, Ramón, dime una palabra.

—Moco —dice Ramón riéndose.

—Moco —repite Inés—. Ya tenemos una. ¿Rosalía?

—Ajedrez.

—Ajedrez, ya tenemos dos —dice la profesora—. ¿Lola?

—Aburrimiento —contesta ella con voz de aburrida.

—Bien, pues ya tenemos tres, ahora solo tenéis que pensar un poco y empezar a hacer una rima.

—¡Ya tengo una! —grita Pedro—. Es una pesadez, jugar al ajedrez con un moco tan loco.

Toda la clase se ríe a carcajadas. Inés pide silencio.

—Está muy bien, Pedro, pero falta una palabra.

—¡Yo! —levanta la mano Pilar—. Es un aburrimiento pasar el tiempo jugando al ajedrez con este moco marqués.

La clase se carcajea, hasta Lola se ríe con ganas.

—Eso no tiene sentido —grita Pedro.

—¿Cómo que no? —dice Pilar.

—¿Qué es un moco marqués, a ver?

—Está clarísimo —le contesta Pilar—. El moco marqués es el rey de los mocos, un moco grande, verde y espeso.

Todos se ríen otra vez, excepto Lola, que no para de escribir.

—Yo tengo una, Inés —dice al cabo de un rato.

—Pues adelante —contesta la profesora.

Lola se pone de pie.

—Es un aburrimiento y es una lata, jugar al ajedrez con la chivata de Nata dando traspiés, mientras sorbe su moco pequeño y lechoso.

Solo se ríe Ramón, el resto de la clase se queda en silencio. Cuando Inés va a hablar, Olga la interrumpe.

—La chivata soy yo, Lola, no te olvides, y no rima con Olga.

—Antes de echarte de clase, Lola —dice Inés muy seria—, me gustaría que Sonia echara un vistazo a tu rima.

Lola se vuelve y sin mirarla se la pasa. Sonia tiene que hacer un gran esfuerzo para no llorar, pero aun así revisa la rima.

—Sorbe no es con «v», ajedrez no tiene «h» y aburrimiento solo tiene una «m» y es con «b». El resto está bien.

—Gracias, Sonia, pero el resto no está bien, nunca está bien burlarse de una compañera y tengo la impresión de que a Lola no le ha valido de nada quedarse en casa dos días. Creo que necesita salir de clase para seguir pensando.

—Espera, profe —dice Rosalía—. Yo estoy a punto de terminar una para Lola.

—Está bien, puedes sentarte, Lola.

Toda la clase espera en silencio, Lola se sienta con desgana.

—Bueno —dice Rosalía después de un rato—, no está muy bien, pero espero que sirva para expresar lo que siento: Lola es cruel, jugando al ajedrez, con mocos apestosos, o en un momento de aburrimiento.

Pilar inicia un aplauso, al momento casi toda la clase le sigue.

—No creo que ahora haya que hacerle el vacío a Lola —dice Ramón después del aplauso.

—No necesito que nadie me defienda, Ramón —contesta Lola volviendo a levantarse.

—Siéntate, Lola —Inés está muy seria y Lola obedece—. El vacío del que hablas es el que ha sentido Sonia durante todo el curso, estoy de acuerdo en que no hay que actuar de la misma manera, pero a veces es bueno que uno se de cuenta de lo que otro puede sentir para aprender a no hacerlo.

Sonia se revuelve incómoda en su silla.

—A mí no me importa que me hagan el vacío —dice Lola encogiéndose de hombros.

Inés no puede evitar la reacción de Olga.

—Pero supongo que sí te importaría tener que hacer todos los días una página de problemas para otro, sobre todo si no quieres hacerlo. ¡Vaya morro!

—Si no quisiera hacerlo, no lo haría y punto.

—¿Y si te obligara? —pregunta Rosalía muy despacio.

—Ni aun así, si hiciera falta le pegaría; además, que yo recuerde cuando me metía con Na... con Sonia, todos os reíais. Ahora vais de santitos.

—Es mejor darse cuenta tarde que no hacerlo nunca —dice Pedro, pensativo.

Inés los deja hablar, pero de pronto mira a Sonia que parece muy atenta y muy pequeña.

—¿Y tú qué piensas? —le pregunta con dulzura.

—Que Lola tiene algo de razón, pero es que a mí no me gusta pegarme con nadie... ni tampoco parecer una tonta. Creo que la culpa es de las dos.

—No eres ninguna tonta —susurra Olga acariciándole el pelo mientras toda la clase está en silencio.

—Bueno —dice Inés cuando oye el timbre—, creo que esta clase ha sido muy productiva; nos ha valido para entender que el abuso nunca tiene justificación. A mi entender, Sonia ha sido muy generosa disculpando a Lola, así que al final solo queda que ella sea consciente del daño que hace con su comportamiento; es importante que aprenda que no todos somos iguales ni tampoco reaccionamos de la misma forma… Y también sé que los demás entenderéis que no se trata de resolver las cosas utilizando el ojo por ojo. Y ahora me voy; espero que en casa sigáis practicando las rimas, no solo es divertido, sino también muy efectivo… ¿Lo veis? Sin haberlo programado, me ha salido un pareado. Hasta mañana a todos —se despide con una sonrisa.

13

En el recreo, todos están pendientes de Lola que se va con Ramón a buscar la pelota de baloncesto. Pedro se va con ellos y enseguida le siguen algunos más.

—Ya verás cómo te va a gustar *La historia interminable* —dice Rosalía a Sonia con una sonrisa—, yo no pude dejar de leer hasta que me lo terminé, es un pasada.

—Cuando ella lo acabe, me lo pasas, ¿vale? —dice Olga.

—Y a mí —dice Pilar.

—Pero si a vosotras no os gusta nada leer —se ríe Rosalía.

—¿Y? —protesta Olga—. Nunca es tarde para empezar.

—Es verdad, nunca es tarde para nada —la apoya Pilar entre risas.

Sonia no contesta, sabe que tiene que solucionar algo y cuanto antes lo haga mejor, así que cuando acaba el recreo se acerca a Lola que está toda sudorosa después de encestar varias canastas. Olga y Pilar la siguen, pero Rosalía las manda parar.

—Hay que dejarla sola —dice.

Ramón y Pedro se sorprenden de que Rosalía les haga gestos con la mano para que se acerquen, pero enseguida se dan cuenta de la situación. Sonia nota cómo su corazón se acelera, pero sabe que eso es mucho mejor que lo del murciélago.

—Tengo que darte algo, Lola —dice mientras rebusca en su mochila.

—No hace falta —contesta sin mirarla acordándose de las copias.

—Sí hace falta, toma.

Lola coge el papel y se lo mete en el bolsillo. Sonia nota cómo le tiembla la voz, pero se acuerda de «Nata y Chocolate» y respira hondo.

—Léelo, lo he escrito para ti.

—Luego lo leeré, si no te importa —responde.

—Prefiero que lo hagas ahora, después a lo mejor se te olvida. No tardarás nada.

Lola lo saca del bolsillo y lee lo que está escrito: *Nunca volveré a trabajar para ti y menos si me obligas a hacerlo.*

—Vale —dice sin mirarla—. Me parece bien.

—Y está claro que tampoco haré ninguna copia —sigue Sonia mucho más segura—. No puedo escribir cosas que no son ciertas.

Lola saca fuerzas de donde puede.

—Tranquila, Nata, digo... Sonia.

—Llámame Nata si quieres, me da igual —sonríe al acordarse de Chocolate—. Hasta luego.

Se siente tan bien que ni siquiera se da cuenta de que Lola se ha quedado sin palabras, ahora sabe que tiene un amigo especial que la sonríe y muchas compañeras de clase por descubrir, y también sabe que está deseando llegar a casa para empezar su libro nuevo.

—Verás como te gusta —le dice Rosalía en un susurro—. Bastian, el protagonista, es un niño...

—Hoy voy a empezarlo —contesta ella.

Álvaro las manda callar.

—Tampoco hace falta que ahora te recuperes de tu silencio de antes. Si no estáis atentas no os podéis quejar de que no me entendéis. Página doce, vamos a repasar los problemas de hace unos días...

Rosalía y ella se miran con complicidad.

De camino a casa, Sonia descubre que está sudando, a pesar de que la mochila ya no le pesa como antes; es como si el frío se hubiera marchado de viaje con el murciélago de su barriga...

—¡Qué bien huele, abuela! ¿Qué estás haciendo?

La abuela sale de la cocina con una sonrisa y dos coloretes en las mejillas.

—Estoy haciendo un bizcocho, si sale bien, te haré uno el viernes para llevárselo a tu profesora y a su hijo.

—Tiene que salir bien, abuela, porque huele de maravilla. ¿Quieres que te ayude?

—No hace falta, hija, el horno trabaja solo... ¿Has venido corriendo?

—No, abuela. ¿Por qué?

—Porque estás sudando, hija.

—Es que hace calor en la calle, pero ahora me cambio.

—Desde luego, quién te ha visto y quién te ve —oye Sonia decir a la abuela mientras sale disparada a refrescarse la cara.

—¿Puedo tomar un poco de bizcocho? —dice al cabo de un rato.

—Primero hay que dejarlo enfriar, esperaremos a tu padre —contesta la abuela contenta.

En la mesa de la cocina, su padre corta el tercer trozo de bizcocho.

—¡Está buenísimo, Carmen!

—Pues, como le he dicho a la niña —contesta ella—, este viernes haré uno para la casa de Inés.

Sonia piensa que es la primera vez desde hace mucho tiempo que ninguno tiene prisa en recoger, y es la primera vez también que todos hablan de sus cosas y se ríen.

Cuando su abuela se levanta, Sonia se acuerda del libro.

—¿Sabes, papá? —dice—. Una amiga me ha dejado un libro, se llama *La historia interminable*.

—Cuánto me alegro, hija, si es interminable seguro que te durará siempre.

—Leer es bueno —sonríe la abuela—, tu madre siempre estaba con un libro en las manos. Tú te pareces a ella.

—Ella no era albina como yo...

—Cuando naciste —dice su padre—, nos pareció que había nacido un hada, eras tan blanquita y transparente.

—En cambio, el hijo de la profe, Juan, es de color chocolate; dice que él y yo parecemos un helado de nata y chocolate.

Los tres se ríen divertidos. Y Sonia se siente muy feliz.

A la mañana siguiente, en la puerta del cole, casi tropieza con Lola. Olga y Pilar se acercan por si acaso.

—Sonia —dice Lola envuelta en su cazadora de colorines—, si alguna vez necesitas ayuda en Matemáticas, cuenta conmigo.

—Pilar y yo también podemos ayudarla, gracias —responde Olga con rotundidad.

—La verdad —dice Sonia divertida—, en Matemáticas, Lola es mejor que vosotras, así que cuento con ella.

—Si no te importa —sigue Lola un poco avergonzada sacando un papel de la mochila—, ¿puedes decirme si tengo muchas faltas en esta rima?

—¡Qué morro! —suelta Olga y frunce el ceño.

—Claro que no me importa —dice Sonia—, a ver…

—¡Qué bruta! —comenta Pilar que lee detrás de su amiga.

Sonia traga saliva y lee emocionada.

—*Lla no boy a havusar, nunca jamás de Sonia, mi amiga mas descolorida.*

—Solo tienes cuatro —dice Sonia.

—Eso no es nada, en tantas palabras como escribí no se notan nada, ¿verdad? —se ríe Lola a carcajadas seguida por las demás—. Gracias, Natita. Te debo una.

—De una nada —dice Sonia muy seria—, me debes por lo menos cuatro.

—Cinco —dice Olga también muy seria—, la quinta es por llamarla Natita, pesada.

—A ella no le importa —dice Lola sonriendo—. Si quiere puedes llamarme Chocolate, que es como me llama mi tío, por lo morena que soy.

—No, siempre te llamaré Lola —dice Sonia pensando que solo hay un Chocolate en su vida…—. Tú puedes llamarme como quieras, es verdad que ya no me importa.

Y entra en la clase de Inés seguida de sus amigas.

Índice

Escribieron y dibujaron...

Alicia
Borrás Sanjurjo

—*Alicia Borrás Sanjurjo nació en Vigo, algo que considera una gran suerte. Al igual que la protagonista, Alicia se crio sin madre, pero contó con la gran fortuna de tener una familia que cuidó de ella con cariño y devoción. Y años más tarde, ella misma creó una gran familia a su alrededor. ¿Cómo fueron sus inicios como escritora? ¿Qué le impulsó a escribir para niños?*

—Conservo cuentos de cuando tenía siete u ocho años, porque escribir era una forma más de divertirme; recuerdo hacer versos de humor para mis hermanos y para mis amigos y luego leérselos en voz alta. Solía escribir historias para mis cuatro hijos y para todos los niños que pasaban por casa, y, después, en mis trabajos en teatro, me divertía haciendo con mis actores obras hechas a medida. Siempre fui escritora porque siempre escribí. Lo de publicar es posterior y también me gusta, pero tardé en adivinar que podía ser un oficio. Siempre estoy rodeada de niños, les escucho y les entiendo, a veces más que a los adultos, supongo que por eso escribo para ellos.

—*En* Nata y chocolate *nos relata una historia de acoso escolar, aunque no se recrea en escenas violentas que tan frecuentemente tratan en los medios. ¿Por qué decidió escribir sobre el tema y por qué desde ese punto de vista?*

—Mi cuento trata del acoso escolar invisible, el que no sacude los medios de comunicación, pero que existe. Cualquier niño, como Nata, puede sentirlo a diario y sentirse muy solo y desprotegido si nadie le sonríe y le estimula. Pero como creo en todos los niños y en los profesores sensibles y observadores, mi cuento tiene un final feliz. Inés mueve los hilos para descubrir la parte más bonita de sus alumnos, y Chocolate es el amigo que todos querríamos inventar.

Anuska
Allepuz

—Anuska Allepuz nació en Madrid en 1979 y estudió Bellas Artes en la Universidad de Salamanca. Su obra fue seleccionada para participar en la Feria del Libro Infantil y Juvenil de Bolonia en 2009; además, ha participado en diversas exposiciones tanto colectivas como individuales. ¿Cómo empezó su camino en la ilustración de libros infantiles?

—Mi interés por la ilustración se despertó durante mi último año de Bellas Artes en la Universidad de Salamanca, cuando tuve la oportunidad de tener a Miguel Ángel Pacheco como profesor. Al finalizar mis estudios, la ilustración continuó siendo una de mis mayores inquietudes. Estuve en la Universidad de Bellas Artes de Berlín asistiendo de oyente a clases de ilustración editorial y allí fue donde me surgió la oportunidad de realizar un viaje a la Feria de Bolonia, que me abrió la puerta de un mundo laboral, el de la ilustración, hasta entonces desconocido por mí. Más tarde, decidí hacer un posgrado de ilustración en Barcelona, lo que determinó totalmente mi camino. Lo que comenzó siendo una inquietud se convirtió en mi trabajo.

—*Como ilustradora, ¿qué le gusta destacar más en sus creaciones: los personajes, las situaciones, el ambiente…?*

—Depende de la historia. Hay veces que la historia me lleva a imaginar atmósferas, escenas llenas de luces y sombras. Otras veces, elementos más simples, gráficos. Disfruto tanto desarrollando personajes como situaciones o ambientes.

—*¿Se plantea la edad a la que va dirigido un libro antes de ilustrarlo?*

—Cuando voy a ilustrar un libro, siempre tengo en cuenta la edad a la que va dirigido. Creo que es importante tenerlo presente a la hora de crear personajes, qué colores utilizar, crear las composiciones o las formas... Por el contrario, si es un proyecto personal, no me planteo la edad. Hago las ilustraciones sin restricciones de ningún tipo.